CONTEÚDO DIGITAL PARA ALUNOS
Cadastre-se e transforme seus estudos em uma experiência única de aprendizado:

1 Entre na página de cadastro:
www.editoradobrasil.com.br/sistemas/cadastro

2 Além dos seus dados pessoais e de sua escola, adicione ao cadastro o código do aluno, que garantirá a exclusividade do seu ingresso a plataforma.

9644909A2615581

3 Depois, acesse: www.editoradobrasil.com.br/leb
e navegue pelos conteúdos digitais de sua coleção :D

Lembre-se de que esse código, pessoal e intransferível, é valido por um ano. Guarde-o com cuidado, pois é a única maneira de você utilizar os conteúdos da plataforma.

BRINCANDO COM CIÊNCIAS

ORGANIZADORA: EDITORA DO BRASIL

ENSINO
FUNDAMENTAL

3ª EDIÇÃO
SÃO PAULO, 2020

Dados Internacionais de Catalogação na Publicação (CIP)
(Câmara Brasileira do Livro, SP, Brasil)

Brincando com ciências, 1 : ensino fundamental / organização Editora do Brasil. -- 3. ed. -- São Paulo : Editora do Brasil, 2020. -- (Brincando com)

ISBN 978-85-10-08286-0 (aluno)
ISBN 978-85-10-08287-7 (professor)

1. Ciências (Ensino fundamental) I. Série.

20-37188 CDD-372.35

Índices para catálogo sistemático:

1. Ciências : Ensino fundamental 372.35

Maria Alice Ferreira - Bibliotecária - CRB-8/7964

© Editora do Brasil S.A., 2021
Todos os direitos reservados

Direção-geral: Vicente Tortamano Avanso

Direção editorial: Felipe Ramos Poletti
Gerência editorial: Erika Caldin
Supervisão de arte: Andrea Melo
Supervisão de editoração: Abdonildo José de Lima Santos
Supervisão de revisão: Dora Helena Feres
Supervisão de iconografia: Léo Burgos
Supervisão de digital: Ethel Shuña Queiroz
Supervisão de controle de processos editoriais: Roseli Said
Supervisão de direitos autorais: Marilisa Bertolone Mendes

Supervisão editorial: Angela Sillos
Edição: Erika Maria de Jesus e Vinicius Leonardo Biffi
Assistência editorial: Rafael Vieira e Sandra Martins de Freitas
Auxílio editorial: Luana Agostini
Especialista em copidesque e revisão: Elaine Silva
Copidesque: Gisélia Costa, Ricardo Liberal e Sylmara Beletti
Revisão: Amanda Cabral, Andréia Andrade, Fernanda Sanchez, Flávia Gonçalves, Gabriel Ornelas, Jonathan Busato, Mariana Paixão, Martin Gonçalves e Rosani Andreani
Pesquisa iconográfica: Lucas Alves
Assistência de arte: Samira de Souza
Design gráfico: Cris Viana
Capa: Megalo Design
Edição de arte: Patrícia Lino
Imagem de capa: Nicolas Viotto
Ilustrações: Anderson Cássio, Dawidson França, Eduardo Belmiro, George Tutumi, João P. Mazzoco, Kau Bispo, Lucas Busatto, Luis Moura, Paulo César Pereira, Rodrigo Alves, Rodrigo Arraya, Ronaldo Barata, Saulo Nunes Marques, Sonia Horn, Waldomiro Neto e Will Silva
Produção cartográfica: DAE (Departamento de Arte e Editoração)
Editoração eletrônica: Gilvan Alves da Silva e José Anderson Campos
Licenciamentos de textos: Cinthya Utiyama, Jennifer Xavier, Paula Harue Tozaki e Renata Garbellini
Controle de processos editoriais: Bruna Alves, Carlos Nunes, Rita Poliane, Terezinha de Fátima Oliveira e Valéria Alves

3ª edição / 5ª impressão, 2022
Impresso no parque gráfico da A.R. Fernandez

Rua Conselheiro Nébias, 887
São Paulo, SP – CEP: 01203-001
Fone: +55 11 3226-0211
www.editoradobrasil.com.br

APRESENTAÇÃO

QUERIDO ALUNO,

ESTE LIVRO FOI ESCRITO ESPECIALMENTE PARA VOCÊ, PENSANDO EM SEU APRENDIZADO E NAS MUITAS CONQUISTAS QUE VIRÃO EM SEU FUTURO!

ELE SERÁ UM GRANDE APOIO NA BUSCA DO CONHECIMENTO. UTILIZE-O PARA APRENDER CADA VEZ MAIS NA COMPANHIA DE PROFESSORES, COLEGAS E OUTRAS PESSOAS DE SUA CONVIVÊNCIA.

ESTUDAR CIÊNCIAS É VALORIZAR A VIDA, A NATUREZA E COMPREENDER UM POUCO MELHOR O UNIVERSO EM QUE VIVEMOS.

APROVEITE AS INFORMAÇÕES E AS ATIVIDADES DESTE LIVRO PARA FAZER DO MUNDO UM LUGAR CADA VEZ MELHOR!

COM CARINHO,
EQUIPE DA EDITORA DO BRASIL

SUMÁRIO

VAMOS BRINCAR 7

UNIDADE 1 – O CORPO HUMANO 12
- SOMOS IGUAIS E DIFERENTES 12
- MEU CORPO, MINHA VIDA 14
- **PEQUENO CIDADÃO** – CADA PESSOA É ÚNICA 16
- CADA UM É ESPECIAL A SEU MODO 17
- COMO PERCEBEMOS O MUNDO 18
- OS SENTIDOS E SEUS ÓRGÃOS 19

UNIDADE 2 – VOCÊ E SUA SAÚDE 24
- ATITUDES SAUDÁVEIS 24
- DE OLHO NA HIGIENE DO CORPO 27
- HIGIENE DOS ALIMENTOS 28
- MEUS DENTES, MEU SORRISO 31

UNIDADE 3 – O AMBIENTE 34
- DESCOBRINDO OS AMBIENTES 34
- COMPONENTES DO AMBIENTE 38
- RECURSOS NATURAIS 40
- O AMBIENTE MODIFICADO 41
- **PEQUENO CIDADÃO** – MODIFICAÇÃO NO AMBIENTE 41

UNIDADE 4 – AS PLANTAS 44
- AS PLANTAS NA NATUREZA 44
- AS PARTES DAS PLANTAS 47
- AS PLANTAS SE DESENVOLVEM 49
- A IMPORTÂNCIA DAS PLANTAS 52
- **PEQUENO CIDADÃO** – PRESERVANDO AS PLANTAS 54

UNIDADE 5 – OS ANIMAIS 56
VARIEDADE DE ANIMAIS 56
PEQUENO CIDADÃO – CRIAR É CUIDAR .. 58
ONDE VIVEM OS ANIMAIS 60
COBERTURA DO CORPO 62
LOCOMOÇÃO 64
ALIMENTAÇÃO 65

UNIDADE 6 – A PASSAGEM DO TEMPO 68
O DIA COMEÇA E TERMINA 68
O SOL NO CÉU E OS PERÍODOS DO DIA .. 69
CONTANDO O TEMPO 72
OS DIAS DA SEMANA 73
ANIMAIS DE HÁBITOS DIURNOS 74
ANIMAIS DE HÁBITOS NOTURNOS 75

UNIDADE 7 – OS MATERIAIS 78
OS DIFERENTES MATERIAIS 78
OBJETOS E SEUS MATERIAIS 79
UM OBJETO, MUITOS MATERIAIS 80
UM MATERIAL, MUITOS OBJETOS 80
A ORIGEM DOS MATERIAIS 83
O PROBLEMA DO LIXO 85

UNIDADE 8 – AS INVENÇÕES 86
O PASSADO E O FUTURO 86
UTILIDADE DAS INVENÇÕES 87
INVENÇÃO: UMA HABILIDADE HUMANA 88
PEQUENO CIDADÃO – A INTERNET EM NOSSA VIDA 90

BRINQUE MAIS 92

1 DIVIRTA-SE ENCONTRANDO AS SETE DIFERENÇAS ENTRE AS IMAGENS.

2 LIGUE OS PONTOS E DESCUBRA UM ANIMAL QUE VOA, MAS NÃO É UMA AVE.

3 PINTE OS ESPAÇOS USANDO A MESMA COR DOS PONTOS.

- O QUE APARECEU NO DESENHO?

RESPONDA PINTANDO OS QUADROS ASSIM:

 O NOME DA PLANTA;   O NOME DA FLOR.

| ROSA | ROSEIRA |

4 LEIA O TEXTO COM O PROFESSOR E OS COLEGAS.

CHORADEIRA

BUÁ, BUÁ!
O MEU CHORO ACABA EM Á.
BUÉ, BUÉ!
O CARNEIRO CHORA EM É.
BUÍ, BUÍ!
O SAGUI TEM CHORO EM Í.
BUÓ, BUÓ!
MEU VIZINHO CHORA EM Ó.
BUÚ, BUÚ!
MEU IRMÃOZINHO CHORA EM Ú. [...]

PEDRO BANDEIRA. **CAVALGANDO O ARCO-ÍRIS**. 3. ED. SÃO PAULO: MODERNA, 2003. P. 26.

ATENÇÃO!

NESTE LIVRO, VOCÊ ENCONTRARÁ FIGURAS COM INFORMAÇÕES SOBRE A ALTURA OU O COMPRIMENTO MÉDIO DOS SERES VIVOS APRESENTADOS NAS IMAGENS. VEJA EXEMPLOS A SEGUIR.

 A ALTURA MÉDIA DA PLANTA ADULTA É CERCA DE 30 CENTÍMETROS.

 O COMPRIMENTO MÉDIO DO ANIMAL ADULTO É CERCA DE 2 METROS.

O CARNEIRO É UM ANIMAL MACHO. O ANIMAL FÊMEA É CHAMADO OVELHA.

O SAGUI-IMPERADOR É UM MACACO QUE PARECE TER UM GRANDE BIGODE BRANCO. ELE VIVE NA FLORESTA AMAZÔNICA.

- VOCÊ ACHA QUE OUTROS ANIMAIS, ALÉM DO SER HUMANO, EXPRESSAM SENTIMENTOS?

5 ATIVIDADES FÍSICAS SÃO IMPORTANTES PARA NOSSA SAÚDE. COM A ORIENTAÇÃO DO PROFESSOR, FAÇA OS ALONGAMENTOS MOSTRADOS ABAIXO.

UNIDADE 1
O CORPO HUMANO

SOMOS IGUAIS E DIFERENTES

O TREM DA DIVERSIDADE!

EM CADA VAGÃO HÁ UMA CRIANÇA.

OBSERVE QUE TODAS ELAS TÊM SEMELHANÇAS E DIFERENÇAS FÍSICAS.

COMENTE COM O PROFESSOR E OS COLEGAS ALGUMAS DAS SEMELHANÇAS E ALGUMAS DAS DIFERENÇAS QUE VOCÊ ENCONTROU.

OBSERVE AGORA O CORPO DE UM COLEGA.
DESCREVA COMO ELE É, QUANTAS PARTES O CORPO DELE TEM E COMO SÃO ESSAS PARTES.
DEPOIS, SERÁ A VEZ DE SEU COLEGA OBSERVAR VOCÊ E DESCREVER O SEU CORPO.

- QUE DIFERENÇAS E SEMELHANÇAS HÁ ENTRE O CORPO DE VOCÊS?
- HÁ MAIS DIFERENÇAS OU MAIS SEMELHANÇAS?

MEU CORPO, MINHA VIDA

NOSSO CORPO É FORMADO POR MUITAS PARTES QUE FUNCIONAM EM CONJUNTO.

PARA FACILITAR O ESTUDO, DIVIDIMOS O CORPO EM TRÊS PARTES:

- CABEÇA;
- TRONCO;
- MEMBROS.

O PESCOÇO LIGA A CABEÇA AO TRONCO.

ESSAS TRÊS PARTES SÃO FORMADAS POR PARTES MENORES. OBSERVE ALGUMAS DELAS.

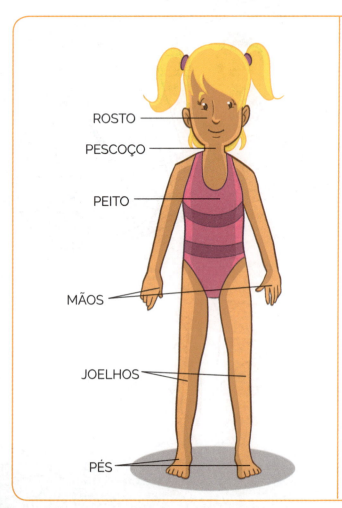

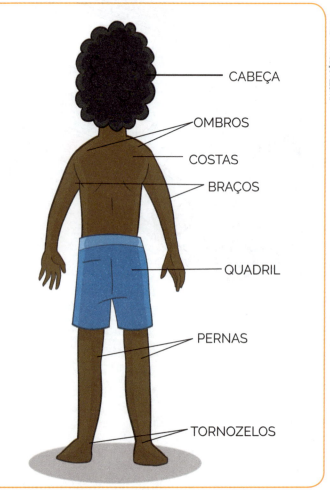

ATIVIDADE

1 FAÇA AS ATIVIDADES NO PÁTIO E, DEPOIS, RESPONDA ÀS QUESTÕES.

A) ANDE COM UMA PERNA SÓ. VOCÊ SENTIU FALTA DA OUTRA?

☐ BASTANTE.   ☐ UM POUCO.   ☐ NÃO.

B) CRUZE OS BRAÇOS ATRÁS DO TRONCO E TENTE BRINCAR. VOCÊ SENTIU FALTA DOS BRAÇOS?

☐ BASTANTE.   ☐ UM POUCO.   ☐ NÃO.

BRINCANDO

1 O PROFESSOR VAI DISPONIBILIZAR VÁRIAS GARRAFAS PET E OUTROS MATERIAIS COMO PAPEL DE PRESENTE USADO, FITAS, BARBANTE, TAMPINHAS ETC.

MATERIAIS PARA CONSTRUÇÃO DO BONECO.

- ESCOLHA UMA GARRAFA E CONSTRUA UM BONECO QUE TENHA AS PARTES DO CORPO QUE VOCÊ ESTUDOU.

- FORME DUPLA COM UM COLEGA E APRESENTE A ELE AS PARTES DO CORPO DO SEU BONECO. DEPOIS, SERÁ A VEZ DO COLEGA APRESENTAR A VOCÊ O BONECO DELE.

PEQUENO CIDADÃO

CADA PESSOA É ÚNICA

AS DIFERENÇAS ENTRE OS SERES HUMANOS SÃO CARACTERÍSTICAS QUE TORNAM CADA PESSOA ESPECIAL.

A COR DA PELE, O CABELO LISO OU CRESPO, SER BAIXO OU ALTO OU O FORMATO DOS OLHOS SÃO EXEMPLOS DA RICA DIVERSIDADE DOS SERES HUMANOS.

HÁ VÁRIOS TIPOS DE BELEZA NO MUNDO. VALORIZE A SUA E A DAS OUTRAS PESSOAS.

1 FAÇA UM AUTORRETRATO NO ESPAÇO A SEGUIR. DEPOIS, COMPLETE A FRASE COM A PALAVRA **ÚNICO** OU **ÚNICA**.

NÃO EXISTE NINGUÉM IGUAL A MIM. EU SOU _____

CADA UM É ESPECIAL A SEU MODO

HÁ PESSOAS COM DEFICIÊNCIA FÍSICA. ELAS PODEM SER SURDAS OU MUDAS, TER PERNAS OU BRAÇOS INCOMPLETOS OU QUE NÃO FUNCIONEM TOTALMENTE, OU OUTRAS DEFICIÊNCIAS.

HÁ TAMBÉM A DEFICIÊNCIA INTELECTUAL, SITUAÇÃO EM QUE A PESSOA TEM DESENVOLVIMENTO MENTAL DIFERENTE DE OUTRAS DA MESMA IDADE.

- CONVERSE SOBRE ISSO COM OS COLEGAS E O PROFESSOR. DEPOIS, LEIAM, JUNTOS, O TEXTO A SEGUIR.

[...] EU SOU MAGRELO PORQUE É ASSIM QUE EU SOU.
ANTES NÃO GOSTAVA QUE NINGUÉM MEXESSE COMIGO.
JÁ TIVE APELIDO DE PALITO, VARETA, LINGUIÇA.
AGORA NEM DOU BOLA MAIS PROS APELIDOS,
POIS NÃO SOU LINGUIÇA, NEM PALITO, NEM VARETA.
SOU UM MENINO CHAMADO DANILO QUE NÃO É
GORDO, NEM MÉDIO, SOU MAGRO E BOM DAS PERNAS.

JÁ PENSOU SE TODOS FOSSEM IGUAIS? ACHO QUE AS PESSOAS TERIAM QUE ANDAR COM O NOME ESCRITO NA TESTA PARA NÃO SEREM CONFUNDIDAS COM AS OUTRAS. [...]

NINGUÉM É IGUAL A NINGUÉM: "O LÚDICO NO CONHECIMENTO DO SER".
REGINA OTERO E REGINA RENNÓ. SÃO PAULO: EDITORA DO BRASIL, 2000.

ILUSTRAÇÕES: LUCAS BUSSATO

COMO PERCEBEMOS O MUNDO

COMO VOCÊ PERCEBE TUDO O QUE HÁ NO MUNDO: CORES, SONS, SABORES, TEXTURAS E CHEIROS?

OS SENTIDOS

ESCUTO O ZUM ZUM
QUE CHEGA ÀS MINHAS ORELHAS
COM OS OLHOS POSSO VER
OLHA SÓ! UMA ABELHA.

NO PARQUE, COM ALEGRIA
E OS AMIGOS A SORRIR
O AROMA DAS FLORES
COM O NARIZ POSSO SENTIR.

A GRAMA VERDE E MACIA
COM A PELE POSSO SENTIR
NO MUNDO DOS SENTIDOS
QUANTAS COISAS A DESCOBRIR!

DEPOIS UM GOSTOSO LANCHE
VOU COM OS AMIGOS DIVIDIR
COM MINHA LÍNGUA SINTO O GOSTO
FRUTA, SUCO, BOLO! HUM!
QUE BELO DIA PRA SE DIVERTIR!

POEMA ESCRITO ESPECIALMENTE PARA ESTA OBRA.

- APÓS LER O TEXTO, CONTORNE O NOME DAS PARTES DO CORPO QUE USAMOS PARA CHEIRAR E ESCUTAR.

OS SENTIDOS E SEUS ÓRGÃOS

OS SERES HUMANOS PERCEBEM O MUNDO POR MEIO DE CINCO SENTIDOS:
VISÃO, AUDIÇÃO, OLFATO, GUSTAÇÃO E TATO.

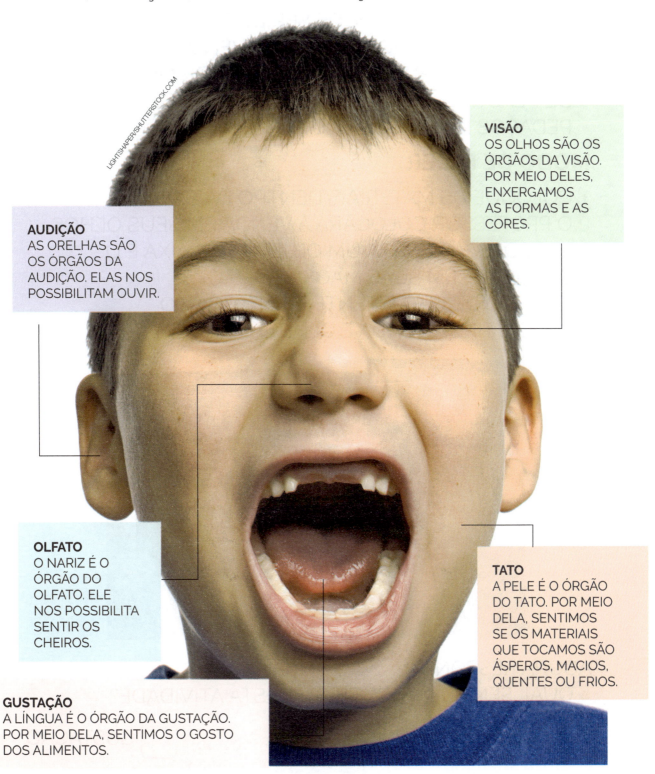

VISÃO
OS OLHOS SÃO OS ÓRGÃOS DA VISÃO. POR MEIO DELES, ENXERGAMOS AS FORMAS E AS CORES.

AUDIÇÃO
AS ORELHAS SÃO OS ÓRGÃOS DA AUDIÇÃO. ELAS NOS POSSIBILITAM OUVIR.

OLFATO
O NARIZ É O ÓRGÃO DO OLFATO. ELE NOS POSSIBILITA SENTIR OS CHEIROS.

TATO
A PELE É O ÓRGÃO DO TATO. POR MEIO DELA, SENTIMOS SE OS MATERIAIS QUE TOCAMOS SÃO ÁSPEROS, MACIOS, QUENTES OU FRIOS.

GUSTAÇÃO
A LÍNGUA É O ÓRGÃO DA GUSTAÇÃO. POR MEIO DELA, SENTIMOS O GOSTO DOS ALIMENTOS.

BRINCANDO DE CIENTISTA

ADIVINHE O QUE É

MATERIAL:

- CAIXA DE PAPELÃO (PODE SER DE SAPATO);
- PEDAÇO DE TECIDO LIMPO PARA VENDAR OS OLHOS;
- DIFERENTES OBJETOS, COMO CLIPE DE METAL, TAMPA DE PLÁSTICO, BORRACHA, RETALHOS DE TECIDOS E PEDAÇOS DE ESPONJA OU PAPEL.

MODO DE FAZER

1. COLOQUE OS MATERIAIS DENTRO DA CAIXA.
2. O PROFESSOR COLOCARÁ A VENDA EM SEUS OLHOS.
3. UM COLEGA PEGARÁ UM OBJETO DA CAIXA E O COLOCARÁ EM SUAS MÃOS.
4. TATEIE O OBJETO E TENTE IDENTIFICÁ-LO.
5. DEPOIS TIRE A VENDA E OLHE O OBJETO.

AGORA RESPONDA:
- QUAL SENTIDO VOCÊ USOU NESTA ATIVIDADE?

☐ OLFATO.   ☐ TATO.   ☐ GUSTAÇÃO.

1 COMPLETE O NOME DOS SENTIDOS.

A) V◯SÃ◯   **C)** A◯D◯ÇÃO   **E)** T◯T◯

B) OLF◯T◯   **D)** G◯ST◯ÇÃO

2 A CHAPEUZINHO VERMELHO FOI LEVAR BOLINHOS PARA A VOVÓ E ACHOU TUDO MUITO ESTRANHO... VOCÊ TERIA A MESMA DÚVIDA QUE CHAPEUZINHO TEVE?

A) COMPLETE O DIÁLOGO DE ACORDO COM A HISTÓRIA.

B) QUAIS RESPOSTAS VOCÊ ACHA QUE O LOBO DARIA A ESTAS PERGUNTAS?

- POR QUE ESSES OLHOS TÃO GRANDES?
- POR QUE ESSAS ORELHAS TÃO GRANDES?
- POR QUE ESSA BOCA E LÍNGUA TÃO GRANDES?

C) DE QUAL SENTIDO A HISTÓRIA NÃO FALOU? E QUAL É O ÓRGÃO RESPONSÁVEL POR ELE?

3 LIGUE CADA IMAGEM AO NOME DO SENTIDO QUE ELA REPRESENTA.

GUSTAÇÃO   TATO   VISÃO   AUDIÇÃO   OLFATO

1 ALGUMAS PESSOAS NÃO CONSEGUEM ENXERGAR OU ENXERGAM POUCO. ELAS PODEM LER USANDO O SISTEMA BRAILE.

PESQUISE E CONVERSE COM OS COLEGAS. DEPOIS RESPONDA:

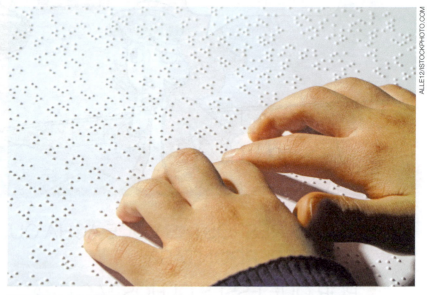

LEITURA EM BRAILE.

A) COMO SE LÊ USANDO O SISTEMA BRAILE?

B) QUAL SENTIDO HUMANO É UTILIZADO NESSE MÉTODO DE LEITURA?

BRINCANDO

1 RESOLVA O DESAFIO! SIGA AS DICAS PARA DESCOBRIR A RELAÇÃO ENTRE AS CRIANÇAS E LIGUE CADA IMAGEM À PALAVRA ADEQUADA.

- O MENINO QUE ESTÁ USANDO O SENTIDO DA VISÃO É IRMÃO DA MENINA QUE ESTÁ USANDO O SENTIDO DO TATO.
- A MENINA QUE ESTÁ USANDO A AUDIÇÃO É VIZINHA DO MENINO QUE ESTÁ USANDO A GUSTAÇÃO.
- O MENINO QUE ESTÁ USANDO A GUSTAÇÃO É PRIMO DA MENINA QUE ESTÁ USANDO O OLFATO.

VIZINHOS   IRMÃOS   PRIMOS

ILUSTRAÇÕES: RONALDO BARATA

UNIDADE 2
VOCÊ E SUA SAÚDE

ATITUDES SAUDÁVEIS

A PROFESSORA PERGUNTOU PARA A TURMA:
– QUEM VAI ME CONTAR TUDO O QUE FEZ ONTEM?
LUANA LOGO RESPONDEU.
OBSERVE NAS IMAGENS ABAIXO O QUE ELA DISSE QUE FEZ.

- ESSAS ATIVIDADES SÃO SAUDÁVEIS? POR QUÊ?
- VOCÊ TAMBÉM FAZ ESSAS ATIVIDADES NO DIA A DIA?

DICAS QUE AJUDAM A TER UMA BOA SAÚDE

CONSUMA ALIMENTOS SAUDÁVEIS.

BEBA BASTANTE ÁGUA.

NÃO PASSE MUITO TEMPO ASSISTINDO À TV E NA INTERNET.

MOVIMENTE O CORPO.

ESCOVE OS DENTES APÓS AS REFEIÇÕES.

FIQUE PERTO DE PESSOAS QUE LHE QUEREM BEM.

DURMA CEDO PARA TER UMA BOA NOITE DE SONO.

LAVE SEMPRE AS MÃOS.

TOME SOL E FAÇA ATIVIDADES AO AR LIVRE.

EVITE GULOSEIMAS COM MUITO ÓLEO, SAL OU AÇÚCAR.

ESTUDE PARA ENTENDER MELHOR OS CUIDADOS NECESSÁRIOS COM A SAÚDE.

USE EQUIPAMENTOS DE SEGURANÇA.

ILUSTRAÇÕES: LUCAS BUSATTO

ATIVIDADES

1 PARA MANTER A SAÚDE, É PRECISO ADOTAR ATITUDES SAUDÁVEIS. NAS IMAGENS ABAIXO, PODEMOS VER CRIANÇAS TOMANDO ESSE TIPO DE ATITUDE.

- LIGUE A IMAGEM DA ATITUDE SAUDÁVEL AO TEXTO QUE MELHOR A DESCREVE.

DE OLHO NA HIGIENE DO CORPO

OS MICRORGANISMOS PODEM CAUSAR VÁRIAS DOENÇAS ÀS PESSOAS. ELES SÃO INVISÍVEIS A OLHO NU, SÓ PODEM SER VISTOS COM USO DE MICROSCÓPIO, UM APARELHO QUE AMPLIA AS IMAGENS.

ELA ACABOU DE CHEGAR DA RUA E ACHA QUE SUAS MÃOS ESTÃO LIMPAS. SERÁ?

NA VERDADE, OS MICRORGANISMOS ESTÃO LÁ, MAS NÃO PODEM SER VISTOS.

ILUSTRAÇÕES: SAULO NUNES MARQUES

UMA DAS FORMAS DE ELIMINAR OS MICRORGANISMOS CAUSADORES DE DOENÇAS É MANTER AS MÃOS SEMPRE LIMPAS. PARA ISSO DEVEMOS LAVÁ-LAS COM ÁGUA E SABÃO E ENXAGUÁ-LAS EM ÁGUA CORRENTE.

VEJA A SEGUIR OUTROS HÁBITOS DE HIGIENE PESSOAL IMPORTANTES PARA NOSSA SAÚDE.

ESCOVAR OS DENTES APÓS AS REFEIÇÕES E ANTES DE DORMIR.

USAR ROUPAS LIMPAS.

TOMAR BANHO TODOS OS DIAS.

ILUSTRAÇÕES: WILL SILVA

CORTAR AS UNHAS.

COBRIR A BOCA E O NARIZ AO TOSSIR OU ESPIRRAR.

LAVAR E PENTEAR OS CABELOS.

HIGIENE DOS ALIMENTOS

ALÉM DA HIGIENE DO CORPO, DEVEMOS TER TAMBÉM CUIDADO COM A HIGIENE DOS ALIMENTOS.

SE ALGUNS CUIDADOS DE HIGIENE NÃO FOREM TOMADOS, A ALIMENTAÇÃO PODE TRAZER RISCOS A NOSSA SAÚDE.

- LAVAR AS MÃOS ANTES DE PREPARAR OS ALIMENTOS.

- MANTER ALIMENTOS PERECÍVEIS NA GELADEIRA.

- LAVAR BEM FRUTAS E VERDURAS.

- GUARDAR OS ALIMENTOS BEM EMBALADOS.

NOSSOS ALIMENTOS PODEM SERVIR TAMBÉM PARA FORMIGAS, MOSCAS, BARATAS E OUTROS ANIMAIS.

ESTES PASSAM EM LUGARES POLUÍDOS E PODEM TRAZER, PARA NOSSA COMIDA, MICRORGANISMOS CAUSADORES DE DOENÇAS.

POR ISSO DEVEMOS DEIXAR OS ALIMENTOS SEMPRE BEM EMBALADOS E O AMBIENTE LIMPO.

ATIVIDADES

1 CIRCULE AS FIGURAS USANDO LÁPIS COM AS CORES DA LEGENDA.

 CUIDADOS COM A HIGIENE DO ALIMENTO

 CUIDADOS COM A HIGIENE DO CORPO

A)

C)

B)

D)

2 NUMERE AS AÇÕES DO JUCA NA ORDEM CORRETA.

3 HÁ AÇÕES DO DIA A DIA EM QUE DEVEMOS LAVAR AS MÃOS ANTES DE FAZÊ-LAS. EM OUTRAS AÇÕES, DEVEMOS LAVAR AS MÃOS DEPOIS DE REALIZÁ-LAS.

OBSERVE AS AÇÕES A SEGUIR E ESCREVA NOS ESPAÇOS ABAIXO DELAS SE DEVEMOS LAVAR AS MÃOS ANTES OU DEPOIS.

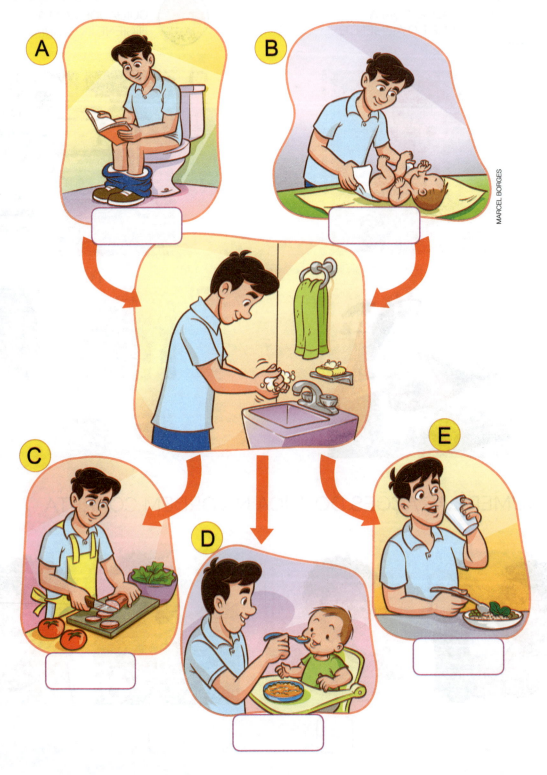

MEUS DENTES, MEU SORRISO

AS CÁRIES, QUE APARECEM EM DENTES MAL ESCOVADOS, PODEM DESTRUIR OS DENTES.
VEJA OS PASSOS PARA UMA BOA ESCOVAÇÃO.

ATENÇÃO! NÃO ESCOVE OS DENTES COM MUITA FORÇA PARA NÃO MACHUCAR A GENGIVA.

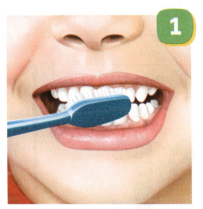

ILUSTRAÇÕES: SAULO NUNES

COM A ESCOVA LIGEIRAMENTE INCLINADA, ESCOVE OS DENTES DA FRENTE FAZENDO MOVIMENTOS COM A ESCOVA DE CIMA PARA BAIXO NOS DENTES DE CIMA E DE BAIXO PARA CIMA NOS DENTES DE BAIXO.

ESCOVE A PARTE DE DENTRO DOS DENTES DA FRENTE. FAÇA MOVIMENTOS DE CIMA PARA BAIXO NOS DENTES DE CIMA E DE BAIXO PARA CIMA NOS DENTES DE BAIXO.

ESCOVE OS DENTES DO FUNDO (USADOS PARA MASTIGAÇÃO) COM MOVIMENTOS DE VAIVÉM.

NÃO SE ESQUEÇA DE ESCOVAR A LÍNGUA COM DELICADEZA.

PASSE O FIO DENTAL DESLIZANDO-O PELA LATERAL DOS DENTES.

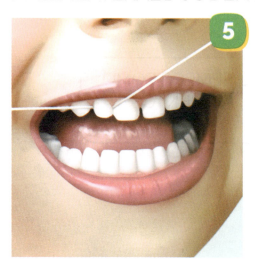

ATIVIDADES

1 PEDRO GOSTA DE ENSINAR SOFIA A CUIDAR DA SAÚDE. PARA AJUDÁ-LO, COMPLETE OS BALÕES COM AS PALAVRAS DENTISTA E GENGIVA.

ESCOVE OS DENTES SEM USAR MUITA FORÇA PARA NÃO MACHUCAR A _____.

CONSULTE O _____ PELO MENOS UMA VEZ AO ANO.

2 PINTE AS CENAS. DEPOIS, COMPLETE OS BALÕES DE FALA COM AS PALAVRAS DOS QUADROS.

BOLA

SAUDÁVEIS

EU SEMPRE COMO ALIMENTOS _____.

JOGO _____ COM OS COLEGAS AO AR LIVRE.

BRINCANDO

ESTÁ TUDO UMA BAGUNÇA! VOCÊ TERÁ DE ENCONTRAR OS OBJETOS NECESSÁRIOS PARA SUA HIGIENE DIÁRIA.

UNIDADE 3
O AMBIENTE

DESCOBRINDO OS AMBIENTES

CHAMAMOS DE AMBIENTE UM LOCAL E TUDO O QUE LÁ SE ENCONTRA: ANIMAIS, PLANTAS, SOLO, AR, ÁGUA ETC.

OS AMBIENTES NÃO SÃO IGUAIS. MARIA E PEDRO ESTAVAM ASSISTINDO A UM FILME E VEJA O AMBIENTE QUE FOI MOSTRADO:

DIFERENTES AMBIENTES

OS AMBIENTES PODEM SER CLASSIFICADOS EM AQUÁTICOS OU TERRESTRES.

O **AMBIENTE AQUÁTICO** É FORMADO NA ÁGUA DE RIO, LAGO, MAR OU OCEANO.

O **AMBIENTE TERRESTRE** É FORMADO EM SOLO OU ROCHAS.

ESSES MACACOS VIVEM EM AMBIENTE TERRESTRE DE CLIMA QUENTE.

ESSES PEIXES E PLANTAS VIVEM EM AMBIENTE AQUÁTICO DE ÁGUA DOCE.

OS PINGUINS VIVEM EM AMBIENTES TERRESTRES FRIOS.

AS TARTARUGAS MARINHAS E OS CORAIS VIVEM NO MAR, ONDE A ÁGUA É SALGADA.

ATIVIDADES

1 OBSERVE OS ANIMAIS E A LETRA AO LADO DELES. DEPOIS, RELACIONE CADA ANIMAL AO LOCAL EM QUE ELE VIVE.

A  URSO-POLAR.

B  CAMELO.

C  ABELHA.

D  GOLFINHO.

E  PERERECA.

F  ESTRELA-DO-MAR.

 RIO.

 DESERTO.

 GELEIRA.

 CAMPO.

 FUNDO DO MAR.

 MAR.

BRINCANDO DE CIENTISTA

OBSERVANDO UM AMBIENTE

AS PESSOAS COSTUMAM OBSERVAR O AMBIENTE EM QUE ESTÃO. ALGUMAS GOSTAM DE OLHAR AS PLANTAS OU ANIMAIS; OUTRAS PRESTAM ATENÇÃO NOS MÓVEIS OU NAS CONSTRUÇÕES... HÁ TAMBÉM QUEM GOSTE DE OLHAR PARA O CÉU E VER AS FORMAS DAS NUVENS. E VOCÊ, O QUE PREFERE?

MATERIAL:

- CADERNO;
- LÁPIS PRETO E DE COR;
- BORRACHA.

MODO DE FAZER

1. COM O PROFESSOR, ESCOLHA UM LOCAL DA ESCOLA PARA OBSERVAR.
2. PRESTE ATENÇÃO PARA PERCEBER AS FORMAS, AS CORES, OS CHEIROS E OS SONS.
3. SE HOUVER PLANTAS, SINTA A TEXTURA DAS FOLHAS; SE HOUVER ANIMAIS, CUIDADO PARA NÃO TOCAR NELES.
4. HÁ ELEMENTOS CONSTRUÍDOS PELAS PESSOAS? COMO SÃO?
5. DESENHE PARTE DESSE AMBIENTE NO CADERNO.

AGORA RESPONDA:

- COMPARANDO SEU DESENHO COM O DOS COLEGAS, HÁ ALGO QUE VOCÊ NÃO TENHA PERCEBIDO? O QUÊ?

COMPONENTES DO AMBIENTE

OS AMBIENTES SÃO FORMADOS DE SERES VIVOS E COMPONENTES SEM VIDA.

OS **SERES VIVOS**, COMO PLANTAS E ANIMAIS, TÊM UM CICLO DE VIDA: NASCEM, CRESCEM, PODEM SE REPRODUZIR E MORREM. OBSERVE O CICLO DE VIDA DE UM CACHORRO.

O ANIMAL NASCE. CRESCE. PODE SE REPRODUZIR. UM DIA, MORRE.

CICLO DE VIDA DE UM CACHORRO.

OS **COMPONENTES SEM VIDA** NÃO PASSAM POR ESSE CICLO. ELES PODEM SER NATURAIS OU CONSTRUÍDOS PELAS PESSOAS.

O SOLO, AS ROCHAS, A ÁGUA E O AR SÃO ELEMENTOS NATURAIS SEM VIDA.

A CASA E O CARRO SÃO ELEMENTOS SEM VIDA CONSTRUÍDOS PELAS PESSOAS.

1. EM SEU CADERNO, DESENHE O AMBIENTE EM QUE VOCÊ VIVE. INDIQUE SE HÁ COMPONENTES VIVOS E COMPONENTES NÃO VIVOS.

ATIVIDADES

1 NUMERE CORRETAMENTE O CICLO DE VIDA DE UMA PLANTA: O PÉ DE MILHO.

  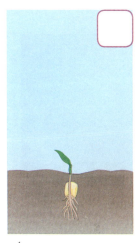 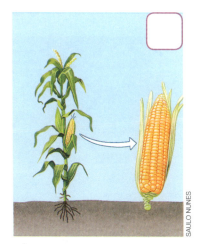

PÉ DE MILHO MORRENDO.　　PÉ DE MILHO CRESCENDO.　　PÉ DE MILHO NASCENDO.　　PÉ DE MILHO GERANDO SEMENTES.

- O PÉ DE MILHO É UM SER VIVO OU COMPONENTE NÃO VIVO?

2 LIGUE OS SERES VIVOS À PALAVRA VIVO E OS SERES SEM VIDA ÀS PALAVRAS SEM VIDA.

VIVO

SEM VIDA

RECURSOS NATURAIS

RECURSO NATURAL É TUDO O QUE O SER VIVO UTILIZA DO AMBIENTE PARA SOBREVIVER, COMO SOL, ÁGUA, SOLO E AR.

SOL

O SOL AQUECE O AMBIENTE, POSSIBILITANDO A VIDA DE PLANTAS E OUTROS SERES.

ÁGUA

TODOS OS SERES VIVOS NECESSITAM DE ÁGUA PARA SOBREVIVER.

SOLO

O SOLO É O LOCAL EM QUE CRESCEM OS VEGETAIS QUE ALIMENTAM MUITOS SERES VIVOS, COMO O PANDA-VERMELHO.

AR

OS SERES HUMANOS NECESSITAM DO GÁS OXIGÊNIO PARA RESPIRAR. ESSE GÁS ESTÁ NO AR A NOSSO REDOR.

O AMBIENTE MODIFICADO

AS PESSOAS MODIFICAM O AMBIENTE NATURAL PARA SATISFAZER SUAS NECESSIDADES. POR EXEMPLO, ELAS DERRUBAM FLORESTAS PARA CONSTRUIR PRÉDIOS E FAZER PLANTAÇÕES. OBSERVE AO LADO UM **AMBIENTE MODIFICADO**.

AMBIENTE MODIFICADO PELA CONSTRUÇÃO DE CASAS, PRÉDIOS E MONUMENTO. RIO DE JANEIRO, RIO DE JANEIRO. 2015.

 PEQUENO CIDADÃO

MODIFICAÇÃO NO AMBIENTE

EM QUAIS ATIVIDADES DIÁRIAS VOCÊ USA ENERGIA ELÉTRICA? EM NOSSO PAÍS, A MAIOR PARTE DESSA ENERGIA É GERADA EM USINAS HIDRELÉTRICAS.

A CONSTRUÇÃO DAS REPRESAS DESSAS USINAS PROVOCA A INUNDAÇÃO DE GRANDES TERRENOS, E ISSO DESTRÓI AS MATAS E OS ANIMAIS QUE ALI VIVEM.

HIDRELÉTRICA DE ITAIPU, EM FOZ DO IGUAÇU, PARANÁ, 2015.

1. O QUE PODEMOS FAZER PARA EVITAR A CONSTRUÇÃO DE NOVAS USINAS?

1 ABAIXO DE CADA QUADRINHO, ESCREVA O NOME DO RECURSO NATURAL QUE NELE É MENCIONADO.

_____

_____

PESQUISANDO

1 QUE RECURSOS NATURAIS AS PESSOAS OU EMPRESAS DE SUA CIDADE EXPLORAM NAS ATIVIDADES ECONÔMICAS?

1 PINTE AS MOLDURAS DE ACORDO COM OS AMBIENTES.

🟡 MODIFICADO   🔵 NATURAL

M. ZAWADZKA. *FLORESTA AMAZÔNICA*, 1994. ÓLEO SOBRE TELA, 1,15 M x 1,70 M.

ALBERTO DA VEIGA GUIGNARD. *PAISAGEM DE OURO PRETO – IGREJA ANTÔNIO DIAS*, 1962. ÓLEO SOBRE COMPENSADO DE MADEIRA, 67,5 CM x 87 CM.

UNIDADE 4
AS PLANTAS

AS PLANTAS NA NATUREZA

AS PLANTAS SÃO SERES VIVOS QUE APRESENTAM GRANDE VARIEDADE DE FORMAS. ELAS TAMBÉM HABITAM DIVERSOS AMBIENTES.

VAMOS APRENDER UM POUCO MAIS SOBRE ELAS?

MUITOS SERES VIVOS HABITAM AS ÁRVORES.

OS FRUTOS DAS ÁRVORES TAMBÉM SÃO ALIMENTO PARA OUTROS SERES VIVOS, COMO AS PESSOAS.

PÁSSAROS COMO O JOÃO-DE-BARRO SE ALIMENTAM DE FRUTOS.

AS ÁRVORES PRODUZEM SOMBRA E DEIXAM O AR MAIS PURO.

OUTROS ANIMAIS, COMO AS ABELHAS, ENCONTRAM ALIMENTO NAS FLORES.

LUCAS BUSATTO

A DIVERSIDADE DAS PLANTAS

OBSERVE OS TIPOS DE PLANTA QUE HÁ EM RUAS, PRAÇAS OU JARDINS POR ONDE VOCÊ PASSA. ELES TÊM FORMAS E CORES DIFERENTES UNS DOS OUTROS, OU NÃO?

HÁ ALGUM DELES PARECIDO COM AS IMAGENS A SEGUIR?

ALGUMAS PLANTAS PODEM VIVER SOBRE OUTRAS PLANTAS, COMO A ORQUÍDEA.

HÁ PLANTAS QUE PODEM VIVER NA ÁGUA, COMO O AGUAPÉ.

OUTRAS PLANTAS SÃO CAPAZES DE VIVER EM LOCAIS MUITO QUENTES E SECOS, COMO O MANDACARU, QUE É FIXO NO SOLO.

IPÊ AMARELO, ÁRVORE SÍMBOLO DO BRASIL, VIVE FIXA NO SOLO.

ATIVIDADES

1 FAÇA UM **X** NA IMAGEM DA PLANTA QUE VIVE NA ÁGUA E UM **O** NA QUE VIVE NO SOLO.

VITÓRIA-RÉGIA.

MARGARIDAS.

2 ANTES DA INVENÇÃO DA MÁQUINA FOTOGRÁFICA, OS CIENTISTAS DESENHAVAM AS PLANTAS PARA ESTUDÁ-LAS DEPOIS. OBSERVE UM EXEMPLO E DESENHE VOCÊ TAMBÉM UMA PLANTA DE QUE GOSTA.

AS PARTES DAS PLANTAS

VOCÊ JÁ PERCEBEU QUE NEM TODAS AS PLANTAS TÊM FLORES OU FRUTOS?

A IMAGEM A SEGUIR MOSTRA UMA PLANTA QUE TEM TODAS AS PARTES.

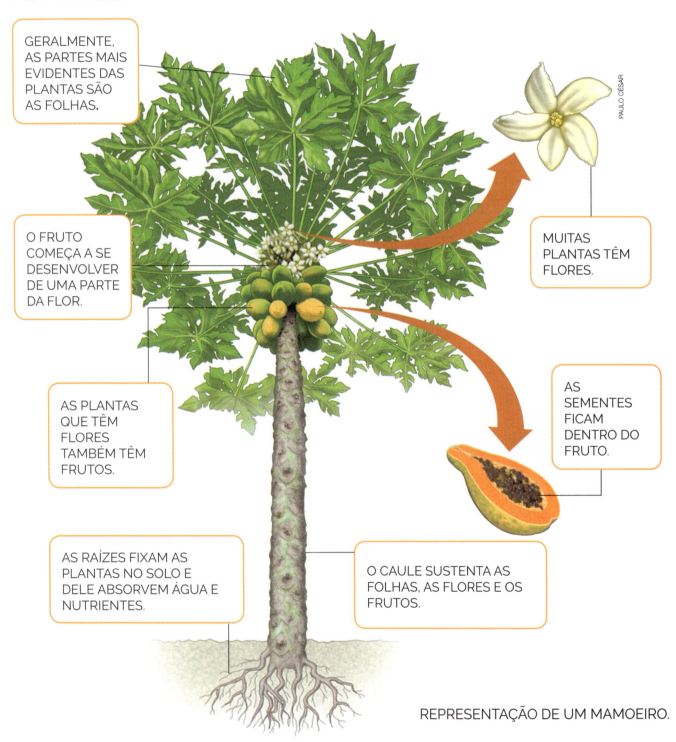

GERALMENTE, AS PARTES MAIS EVIDENTES DAS PLANTAS SÃO AS FOLHAS.

O FRUTO COMEÇA A SE DESENVOLVER DE UMA PARTE DA FLOR.

AS PLANTAS QUE TÊM FLORES TAMBÉM TÊM FRUTOS.

AS RAÍZES FIXAM AS PLANTAS NO SOLO E DELE ABSORVEM ÁGUA E NUTRIENTES.

MUITAS PLANTAS TÊM FLORES.

AS SEMENTES FICAM DENTRO DO FRUTO.

O CAULE SUSTENTA AS FOLHAS, AS FLORES E OS FRUTOS.

REPRESENTAÇÃO DE UM MAMOEIRO.

ATIVIDADES

1 COMPLETE O DIAGRAMA DE PALAVRAS COM O NOME DAS FLORES.

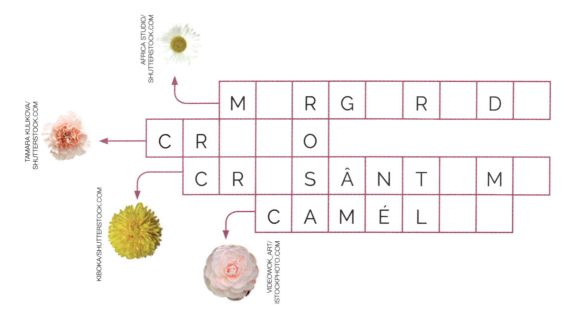

2 COMPLETE O NOME DAS PARTES DA PLANTA. DEPOIS, PINTE O DESENHO.

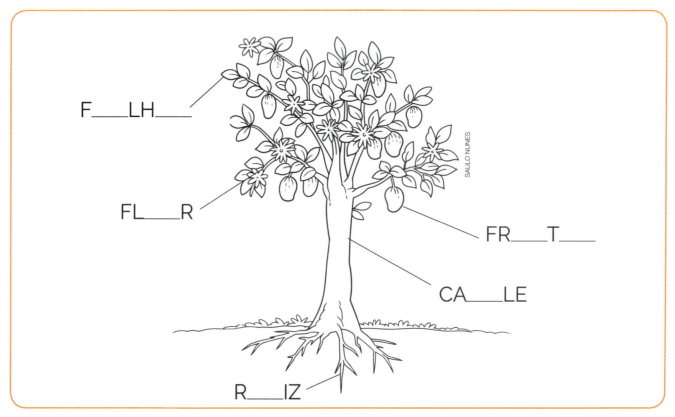

AS PLANTAS SE DESENVOLVEM

JÁ VIMOS QUE AS PLANTAS SÃO SERES VIVOS. ELAS TÊM UM CICLO DE VIDA: NASCEM, CRESCEM, PODEM SE REPRODUZIR E MORREM.

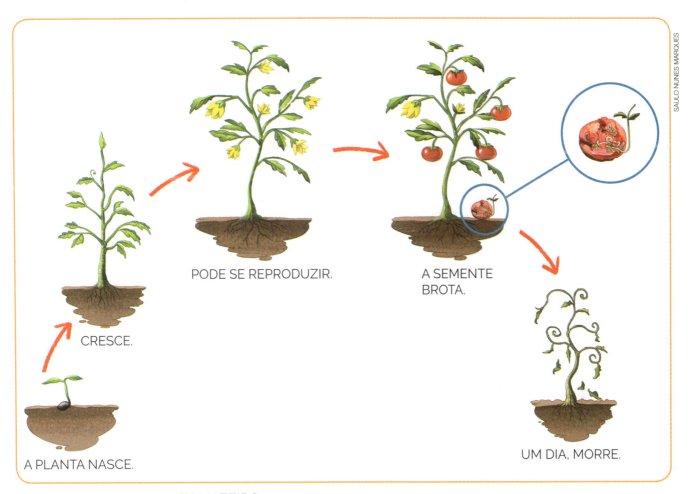

CICLO DE VIDA DE UM TOMATEIRO.

A REPRODUÇÃO DE UMA PLANTA OCORRE QUANDO, A PARTIR DE UMA PARTE DELA, COMO UM PEDAÇO DO CAULE OU UMA SEMENTE, OUTRA PLANTA É GERADA.

AS PLANTAS QUE TÊM FLORES GERAM SEMENTES E SE REPRODUZEM PELA GERMINAÇÃO DE UM **EMBRIÃO** QUE HÁ DENTRO DA SEMENTE.

GLOSSÁRIO

EMBRIÃO: ESTÁGIO INICIAL DO SER VIVO QUE VAI SE DESENVOLVER. NO CASO DAS PLANTAS, ELE FICA DENTRO DA SEMENTE.

ATIVIDADES

1 LEIA A PERGUNTA QUE A MENINA FEZ. DEPOIS, MARQUE UM **X** NA RESPOSTA CORRETA.

A) ☐ A MANGUEIRA DURA PARA SEMPRE PORQUE É UM ELEMENTO NATURAL SEM VIDA.

B) ☐ A MANGUEIRA MORRE, MAS SUA SEMENTE, QUE CHAMAMOS DE CAROÇO, DARÁ ORIGEM A UMA NOVA PLANTA.

2 POR QUE ESTA ILUSTRAÇÃO AJUDA A SABER QUE O PÉ DE FEIJÃO É UM SER VIVO?

- O _____ QUE HÁ DENTRO DA _____ COMEÇOU A CRESCER E UMA NOVA PLANTA ESTÁ SE DESENVOLVENDO.

BRINCANDO DE CIENTISTA

GERMINAÇÃO DE UMA SEMENTE

MATERIAL:

- UM VASO FEITO DE GARRAFA PET COM FURINHOS NO FUNDO;
- UM PRATO;
- OITO SEMENTES DE FEIJÃO OU ALPISTE;
- TERRA DE JARDIM;
- AREIA E ÁGUA.

MATERIAL PARA O EXPERIMENTO.

MODO DE FAZER

1. COLOQUE A TERRA NO VASO E MOLHE SEM ENCHARCAR.
2. PLANTE AS SEMENTES A CERCA DE UM CENTÍMETRO DE PROFUNDIDADE.
3. COLOQUE UM POUCO DE AREIA DENTRO DO PRATO E O VASO EM CIMA.
4. O VASO DEVE RECEBER LUZ DO SOL TODOS OS DIAS.
5. UMEDEÇA SEMPRE A TERRA PARA ELA NÃO SECAR.
6. EM UMA FOLHA DE PAPEL, ESCREVA A DATA E DESENHE COMO FICOU A MONTAGEM.
7. DESENHE A PLANTA DUAS VEZES POR SEMANA E ANOTE A ALTURA DELA.
8. REPITA OS DESENHOS E AS ANOTAÇÕES POR OITO SEMANAS.

AGORA, FAÇA O QUE SE PEDE:

- ORGANIZE OS DESENHOS POR ORDEM DE DATA E OS OBSERVE. O QUE ACONTECEU COM AS SEMENTES?

A IMPORTÂNCIA DAS PLANTAS

AS PLANTAS SÃO FUNDAMENTAIS PARA O EQUILÍBRIO DO AMBIENTE. ELAS PROTEGEM O SOLO E MANTÊM A TEMPERATURA ADEQUADA PARA OS SERES VIVOS.

SEM PLANTAS, NENHUM ANIMAL SOBREVIVERIA NA TERRA, POIS NÃO TERIA ALIMENTO OU ABRIGO.

NÓS, SERES HUMANOS, USAMOS PLANTAS COMO ALIMENTO E MATERIAL PARA VÁRIOS PRODUTOS.

PLANTIO DE VERDURAS.

ALIMENTOS.

MADEIRA CORTADA.

PAPEL E LÁPIS, FEITOS COM MADEIRA.

PÉ DE ALGODÃO.

ROUPAS.

PÉ DE BOLDO.

REMÉDIO.

ATIVIDADES

1 MARQUE VERDADEIRO (**V**) OU FALSO (**F**).

☐ OS ANIMAIS DEPENDEM DAS PLANTAS PARA OBTER ALIMENTAÇÃO E ABRIGO.

☐ OS ANIMAIS QUE SE ALIMENTAM SOMENTE DE CARNE PODERIAM SOBREVIVER SEM AS PLANTAS.

☐ AS PLANTAS SERVEM DE ABRIGO PARA ANIMAIS COMO PASSARINHOS, MACACOS E MORCEGOS.

☐ A ÚNICA UTILIDADE DAS PLANTAS É ENFEITAR O AMBIENTE.

2 FAÇA UM DESENHO QUE MOSTRE UM MODO DE USAR AS PLANTAS.

PEQUENO CIDADÃO

PRESERVANDO AS PLANTAS

AS PLANTAS SÃO MUITO IMPORTANTES PARA O AMBIENTE. PRECISAMOS PROTEGER AS MATAS E AS FLORESTAS, EVITANDO OS DESMATAMENTOS.

SE NÃO FOSSEM ELAS, OS ANIMAIS NÃO PODERIAM SOBREVIVER POR FALTA DE ALIMENTO.

1 COM A ORIENTAÇÃO DO PROFESSOR, JUNTE-SE AOS COLEGAS E PESQUISEM NA INTERNET:

A) O QUE AS PESSOAS PODEM FAZER PARA EVITAR QUE MATAS E FLORESTAS SEJAM DERRUBADAS?

B) COMO PODEMOS CUIDAR DAS PLANTAS?

2 COM O RESULTADO DA PESQUISA, FAÇAM UM CARTAZ PARA DIVULGAR ESSAS ATITUDES. COMBINEM COM A DIREÇÃO DA ESCOLA UM LOCAL BEM VISÍVEL PARA EXPOR O CARTAZ.

AS PLANTAS E TODOS OS DEMAIS SERES DOS DIFERENTES AMBIENTES AGRADECEM!

1 USANDO DIFERENTES CORES DE LÁPIS, LEVE AS PARTES DA PLANTA ATÉ OS PRODUTOS OU ALIMENTOS QUE SÃO ORIGINADOS DELAS.

2 PROCURE, NA SALA DE AULA OU EM SUA CASA, UM OBJETO FEITO COM PLANTA. DEPOIS, DESENHE-O ABAIXO.

UNIDADE 5

OS ANIMAIS

VARIEDADE DE ANIMAIS

A QUANTIDADE DE ANIMAIS DIFERENTES QUE EXISTE É MUITO GRANDE!

VEJA, A SEGUIR, ALGUNS EXEMPLOS.

IMAGEM QUE REPRESENTA A TERRA, ONDE VIVEMOS. A PARTE AZUL REPRESENTA A ÁGUA E AS PARTES DE OUTRAS CORES REPRESENTAM AS PORÇÕES DE TERRA.

ANIMAIS DOMESTICADOS E SILVESTRES

EXISTEM MUITOS TIPOS DE ANIMAL. ELES PODEM SER GRANDES OU PEQUENOS, VIVER NA ÁGUA OU NA TERRA, TER O CORPO COBERTO DE PELOS OU DE PENAS, ENTRE OUTRAS CARACTERÍSTICAS.

HÁ VÁRIOS MODOS DE ORGANIZAR OS ANIMAIS EM GRUPOS. UMA MANEIRA É AGRUPÁ-LOS EM ANIMAIS DOMESTICADOS OU SILVESTRES.

OS **ANIMAIS SILVESTRES** VIVEM LIVRES NA NATUREZA, NÃO CONVIVEM COM AS PESSOAS.

ANIMAIS SILVESTRES NO PANTANAL, MATO GROSSO.

OS **ANIMAIS DOMESTICADOS** GERALMENTE VIVEM COM AS PESSOAS, NA CASA DELAS OU EM FAZENDAS.

CÃO AUXILIA NO PASTOREIO DE OVELHAS EM UMA FAZENDA.

CRIAR É CUIDAR

QUANDO ADOTAMOS OU COMPRAMOS UM ANIMAL DE ESTIMAÇÃO, ASSUMIMOS MUITAS RESPONSABILIDADES. POR ISSO, TEMOS DE PENSAR BEM ANTES DE PEGAR UM ANIMAL PARA CRIAR.

É PRECISO FICAR ATENTO AOS CUIDADOS DE QUE ESSES ANIMAIS NECESSITAM: ABRIGO ADEQUADO, ÁGUA, ALIMENTO, LEVAR AO VETERINÁRIO QUANDO NECESSÁRIO, DAR ATENÇÃO E NUNCA ABANDONÁ-LO.

CARTAZ DE CAMPANHA CONTRA O ABANDONO DE ANIMAIS.

1 VOCÊ TEM OU JÁ TEVE ANIMAIS DE ESTIMAÇÃO? COMO ELE É? DE QUE CUIDADOS PRECISA?

ATIVIDADES

1 OBSERVE AS IMAGENS. DEPOIS ESCREVA ABAIXO DA FOTO DE CADA ANIMAL SE ELE É DOMESTICADO OU SILVESTRE.

GATO.

ANTA.

PORCO.

_____

CORUJA.

BOI.

GALINHA.

_____

OVELHA.

LEÃO.

URSO.

_____

ONDE VIVEM OS ANIMAIS

OS ANIMAIS VIVEM EM DIVERSOS AMBIENTES. ESSES AMBIENTES PODEM SER TERRESTRES OU AQUÁTICOS.

ANIMAIS TERRESTRES

GRANDE PARTE DOS ANIMAIS, ENTRE ELES OS SERES HUMANOS, VIVE NO AMBIENTE TERRESTRE.

ESSES ANIMAIS PODEM SE APOIAR NAS ÁRVORES, CAMINHAR SOBRE O SOLO OU VIVER NO INTERIOR DELE.

SAÍ-AZUL. LOBO-GUARÁ. BESOURO.

ANIMAIS AQUÁTICOS

MUITOS ANIMAIS VIVEM NO AMBIENTE AQUÁTICO, NA ÁGUA SALGADA DE MARES E OCEANOS OU NA ÁGUA DOCE DE RIOS E LAGOAS.

ELES PODEM RESPIRAR E SE MOVER DENTRO DA ÁGUA.

A ANÊMONA VIVE NA ÁGUA SALGADA DE MARES E OCEANOS.

O PEIXE TUCUNARÉ VIVE NA ÁGUA DOCE.

O GOLFINHO É UM ANIMAL QUE VIVE NO AMBIENTE AQUÁTICO.

BRINCANDO

1 LEVE CADA ANIMAL A SEU AMBIENTE.

PEIXE.

FORMIGA.

BALEIA.

COELHO.

AMBIENTE TERRESTRE.

AMBIENTE AQUÁTICO.

COBERTURA DO CORPO

O CORPO DOS ANIMAIS PODE TER DIFERENTES TIPOS DE COBERTURA. VEJA ALGUNS EXEMPLOS.

- **PELE COM PELOS:** CÃO, GATO E SER HUMANO.

OS PELOS DO CÃO E DO GATO AJUDAM A MANTER A TEMPERATURA DO CORPO E AMORTECEM OS CHOQUES.

- **PELE COM PENAS:** GALINHA, ARARA E POMBA.

AS PENAS DO CORPO DAS AVES, COMO A ARARA, AJUDAM A MANTER A TEMPERATURA CONSTANTE E A VOAR.

- **PELE FINA E ÚMIDA:** SAPOS, RÃS E PERERECAS.

É POR MEIO DA PELE FINA QUE A RÃ PODE RESPIRAR.

- **ESCAMAS:** PEIXES E ALGUNS RÉPTEIS, COMO SERPENTE E JACARÉ.

AS ESCAMAS DO PEIXE FACILITAM A NATAÇÃO.

ATIVIDADES

1 LIGUE O ANIMAL AO TIPO DE COBERTURA DE SEU CORPO.

JACARÉ.

PELE COM PENAS

COELHO.

ESCAMAS

SAPO.

PELE COM PELOS

ABUTRE.

PELE FINA E ÚMIDA

LOCOMOÇÃO

DIFERENTEMENTE DAS PLANTAS, A MAIORIA DOS ANIMAIS PODE SE LOCOMOVER. VEJA ALGUNS EXEMPLOS.

- **PULAM**: SAPO E GRILO.
- **ANDAM**: SER HUMANO E CACHORRO.

SAPO DANDO UM SALTO.

ALÉM DE ANDAR, OS CACHORROS E OS SERES HUMANOS SÃO CAPAZES DE CORRER E PULAR.

- **NADAM**: TARTARUGA E PEIXE.
- **VOAM**: MORCEGO E BORBOLETA.

TARTARUGA NADANDO.

MORCEGO VOANDO.

- **RASTEJAM**: SERPENTE E CARAMUJO.

SERPENTE RASTEJANDO.

ALIMENTAÇÃO

TODOS OS ANIMAIS PRECISAM SE ALIMENTAR PARA SOBREVIVER. ELES PODEM TER DIFERENTES TIPOS DE ALIMENTAÇÃO.

- **CARNÍVOROS**: ALIMENTAM-SE APENAS DE OUTROS ANIMAIS, COMO A ONÇA E O LEÃO.

LEÃO DEVORANDO ANIMAL CAÇADO POR ELE.

- **HERBÍVOROS**: COMEM APENAS PLANTAS, COMO A CABRA E O COELHO.

CABRA COMENDO CAPIM.

- **ONÍVOROS**: ALIMENTAM-SE DE OUTROS ANIMAIS E DE PLANTAS, COMO O PORCO E O SER HUMANO.

O SER HUMANO COME DE TUDO.

1) COMPLETE O DIAGRAMA COM AS PALAVRAS A SEGUIR.

VOA   ANDA   PULA

NADA   RASTEJA

2) COMPLETE O NOME DOS ANIMAIS.

A) HERBÍVOROS
- CO ___ LH ___
- V ___ C ___
- G ___ R ___ F ___
- C ___ V ___ L ___

B) CARNÍVOROS
- CR ___ C ___ D ___ L ___
- C ___ BR ___
- T ___ GR ___
- L ___ Ã ___

C) ONÍVOROS
- G ___ L ___ NH ___
- M ___ C ___ C ___
- J ___ B ___ T ___
- P ___ RC ___

PESQUISANDO

1 PESQUISE E ESCREVA O NOME DOS ANIMAIS MOSTRADOS NAS IMAGENS A SEGUIR.

ELE É O ANIMAL VOADOR MAIS RÁPIDO. PODE ATINGIR A VELOCIDADE DE 320 KM/H EM UM VOO.

_____

ELE É O ANIMAL TERRESTRE QUE CORRE MAIS RÁPIDO. PODE CHEGAR A 100 KM/H.

_____

BRINCANDO

1 SIGA O PASSO A PASSO E TENHA UM ANIMAL DOMESTICADO SOMENTE SEU.

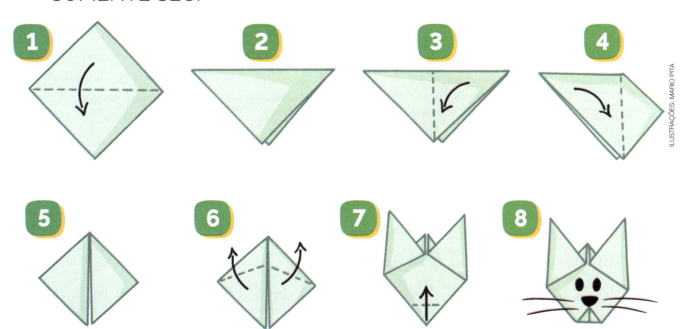

O DIA COMEÇA E TERMINA

ALICE E MIGUEL SÃO IRMÃOS. ELES FORAM À PRAIA.

- POR QUE MIGUEL ACHOU QUE A IRMÃ TINHA MUDADO O GUARDA-SOL DE LUGAR?
- POR QUE HÁ MUDANÇAS NA POSIÇÃO DA SOMBRA NO DECORRER DO DIA?

O SOL NO CÉU E OS PERÍODOS DO DIA

DURANTE O DIA, O AMBIENTE FICA NATURALMENTE ILUMINADO. ISSO OCORRE POR CAUSA DA PRESENÇA DO SOL. ELE FAZ UM MOVIMENTO APARENTE NO CÉU. OBSERVE AS ILUSTRAÇÕES.

ATENÇÃO!
NUNCA OLHE DIRETAMENTE PARA O SOL, ISSO PODE CAUSAR CEGUEIRA.

DE MANHÃ O SOL SURGE NA LINHA DO HORIZONTE.

ELE VAI SUBINDO AOS POUCOS. AO MEIO-DIA ESTÁ ALTO NO CÉU.

DEPOIS ELE VAI DESCENDO E SE PÕE NO FIM DA TARDE.

O MOVIMENTO APARENTE DO SOL NO CÉU DETERMINA A PASSAGEM DO DIA. ESSE MOVIMENTO TAMBÉM É RESPONSÁVEL PELO DESLOCAMENTO DAS SOMBRAS.

À NOITE, O CÉU ESCURECE. SE NÃO HOUVER MUITAS NUVENS, PODEMOS VER **ASTROS** COMO A LUA E AS ESTRELAS.

QUANDO NASCE O DIA, O SOL VOLTA A APARECER E A LUMINOSIDADE DELE OFUSCA O BRILHO DAS OUTRAS ESTRELAS.

GLOSSÁRIO

ASTRO: QUALQUER CORPO QUE EXISTE NO ESPAÇO, COMO PLANETAS, SATÉLITES NATURAIS E ESTRELAS.

BRINCANDO DE CIENTISTA

OBSERVAÇÃO DO CÉU À NOITE

MATERIAL:

- LÁPIS;
- ESTE LIVRO, PARA FAZER AS ANOTAÇÕES.

ATENÇÃO!
NÃO SAIA DE CASA SEM ESTAR ACOMPANHADO DE UM ADULTO RESPONSÁVEL POR VOCÊ.

MODO DE FAZER

1. À NOITE, NA COMPANHIA DOS FAMILIARES OU DE UM ADULTO RESPONSÁVEL, VÁ A UM QUINTAL, *PLAYGROUND* OU OUTRO LOCAL ONDE VOCÊ POSSA VER GRANDE PARTE DO CÉU.
2. NÃO REALIZE A ATIVIDADE EM DIA CHUVOSO OU COM O CÉU ENCOBERTO POR NUVENS.
3. DURANTE A OBSERVAÇÃO, PREENCHA O RELATÓRIO:

DIA DA OBSERVAÇÃO: ___/___/___ HORA: _____

LOCAL: _____

A) O CÉU ESTAVA:

☐ COM POUCAS NUVENS.   ☐ SEM NUVENS.

B) VOCÊ CONSEGUIU VER A LUA? SE VIU, DESENHE AO LADO A FORMA QUE ELA TINHA.

C) HAVIA MUITAS ESTRELAS NO CÉU? RESPONDA PINTANDO UMA DAS ESTRELAS.

☆ SIM.   ☆ NÃO.

ATIVIDADES

1 O SOL MUDA DE POSIÇÃO NO CÉU AO LONGO DO DIA. CONFORME ELE SE MOVIMENTA, A POSIÇÃO E O TAMANHO DAS SOMBRAS TAMBÉM MUDAM. SABENDO DISSO, LIGUE O PERÍODO DO DIA AO QUE OCORRE COM O SOL E AS SOMBRAS.

9 HORAS

12 HORAS (MEIO-DIA)

16 HORAS

O SOL ESTÁ NO PONTO MAIS ALTO DO CÉU. NESSE PERÍODO, AS SOMBRAS SÃO BEM CURTAS.

O SOL SE PÕE NO HORIZONTE. NO FINAL DA TARDE, AS SOMBRAS FICAM COMPRIDAS NOVAMENTE.

O SOL NASCE NO HORIZONTE E, PELA MANHÃ, AS SOMBRAS SÃO COMPRIDAS.

2 ESCREVA UMA ATIVIDADE QUE VOCÊ REALIZA EM CADA UM DOS PERÍODOS DO DIA.

A) MANHÃ

_____

B) TARDE

_____

C) NOITE

_____

CONTANDO O TEMPO

ACOMPANHE A SITUAÇÃO A SEGUIR.

PARABÉNS PELO ANIVERSÁRIO, VOVÓ! FIZ ESTE PRESENTE PRA VOCÊ!

LINDO! MAS MEU ANIVERSÁRIO É SÓ NO MÊS QUE VEM, LÍLIA.

COMO EU FAÇO PARA SABER A DATA CERTA?

VOCÊ TEM DE OLHAR NO CALENDÁRIO.

ESTÁ BEM, ENTÃO ME DEVOLVA O PRESENTE.

E FAÇA CARA DE SURPRESA QUANDO EU ENTREGÁ-LO A VOCÊ NA DATA CERTA, HEIN!

PARA MEDIR A PASSAGEM DO TEMPO, NÓS O DIVIDIMOS EM HORAS, DIAS, SEMANAS, MESES E ANOS.

UMA FORMA DE MARCAR OS ANOS, OS MESES E OS DIAS É UTILIZAR **CALENDÁRIOS**.

O CALENDÁRIO DO MÊS AO LADO NÃO ESTÁ COMPLETO, FALTAM ALGUNS DIAS. PREENCHA-O COM OS COLEGAS.

OS DIAS DA SEMANA

A SEMANA É UM INTERVALO DE TEMPO DE 7 DIAS. CADA DIA DA SEMANA TEM UM NOME DIFERENTE.

**DOMINGO   SEGUNDA-FEIRA   TERÇA-FEIRA
QUARTA-FEIRA   QUINTA-FEIRA
SEXTA-FEIRA   SÁBADO**

1 PINTE OS NOMES DOS DIAS DA SEMANA ASSIM:

 DIAS DA SEMANA EM QUE HÁ AULA.

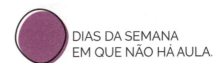 DIAS DA SEMANA EM QUE NÃO HÁ AULA.

2 PERGUNTE ÀS PESSOAS RESPONSÁVEIS POR VOCÊ:
- EM QUE DIA DA SEMANA E HORÁRIO EU NASCI?

ANOTE AS INFORMAÇÕES NO QUADRO ABAIXO.

DIA DA SEMANA EM QUE NASCI: _____

HORÁRIO: _____

ANIMAIS DE HÁBITOS DIURNOS

OS ANIMAIS TÊM MANEIRAS DIFERENTES DE VIVER. ALGUNS ANIMAIS TÊM **HÁBITOS DIURNOS**, SÃO MAIS ATIVOS DURANTE O DIA E DORMEM À NOITE.

É NO AMBIENTE CLARO QUE ELES BUSCAM ALIMENTO, SE REPRODUZEM, CUIDAM DOS FILHOTES ETC.

VEJA ALGUNS EXEMPLOS.

COELHO.

POMBAS.

ABELHA MAMANGAVA.

CACHORRO.

NÓS, OS SERES HUMANOS, TEMOS HÁBITOS DIURNOS. GERALMENTE, AS PESSOAS SE ALIMENTAM, ESTUDAM, BRINCAM E TRABALHAM DURANTE O DIA, E, À NOITE, DORMEM.

ANIMAIS DE HÁBITOS NOTURNOS

OS ANIMAIS QUE TÊM **HÁBITOS NOTURNOS** DESCANSAM DURANTE O DIA E FAZEM ATIVIDADES À NOITE. NESSE PERÍODO, ELES PROCURAM ALIMENTO E GUARDAM SEU TERRITÓRIO, ENTRE OUTRAS AÇÕES.

VEJA ALGUNS EXEMPLOS.

MORCEGO.

RAPOSA.

CORUJA.

RÃ.

RATO.

LAGARTIXA.

ATIVIDADES

1 VOCÊ FAZ AS ATIVIDADES A SEGUIR DURANTE O DIA OU À NOITE? ESCREVA **DIA** OU **NOITE** ABAIXO DE CADA UMA.

2 OBSERVE AS IMAGENS E ESCREVA OS NOMES DOS ANIMAIS NA COLUNA CORRETA DO QUADRO A SEGUIR.

ANIMAIS DIURNOS	ANIMAIS NOTURNOS

1 COMPLETE A FRASE E PINTE O DESENHO.

A) O MELHOR HORÁRIO PARA A MENINA PASSEAR E ENCONTRAR BORBOLETAS É DURANTE

_____

B) CAPRICHE NA PINTURA DO DESENHO.

UNIDADE 7

OS MATERIAIS

OS DIFERENTES MATERIAIS

A FAMÍLIA TODA VAI VIAJAR! ENCONTRE NA IMAGEM E COMENTE COM OS COLEGAS QUAIS OBJETOS GERALMENTE SÃO FEITOS DE:
- BORRACHA;
- VIDRO;
- METAL;
- PLÁSTICO;
- TECIDO.

OBJETOS E SEUS MATERIAIS

USAMOS MUITOS **OBJETOS** EM NOSSA ROTINA. ALGUNS COMPRAMOS PRONTOS, COMO LÁPIS E LIVROS. OUTROS PODEMOS FAZER EM CASA SE TIVERMOS OS MATERIAIS NECESSÁRIOS, COMO UMA PIPA OU UM BOLO.

PARA FAZER UM LÁPIS É PRECISO TER MADEIRA E GRAFITE.

PARA FAZER UM CADERNO É PRECISO TER PAPEL, TINTA E ESPIRAL.

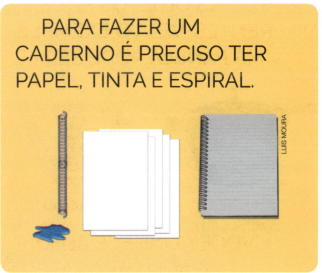

PARA FAZER UMA PIPA É PRECISO TER PAPEL, VARETAS, COLA E LINHA.

PARA FAZER UM BOLO É PRECISO TER OVOS, AÇÚCAR, LEITE, FARINHA DE TRIGO, MANTEIGA E FERMENTO.

GLOSSÁRIO

OBJETO: QUALQUER COISA MATERIAL PRODUZIDA PELO SER HUMANO.

UM OBJETO, MUITOS MATERIAIS

HÁ OBJETOS QUE PRECISAM SER RESISTENTES, OUTROS PRECISAM SER LEVES E HÁ ALGUNS QUE PRECISAM SER TRANSPARENTES. PARA CADA SITUAÇÃO EXISTE UM MATERIAL MAIS APROPRIADO.

ALGUNS OBJETOS PODEM SER FEITOS DE MATERIAIS DIFERENTES. VEJA O EXEMPLO.

UMA **PANELA** PODE SER FEITA DE:

FERRO.   ALUMÍNIO.   VIDRO.   BARRO.

- VOCÊ CONHECE ALGUM MATERIAL QUE NÃO DEVE SER UTILIZADO PARA FAZER PANELAS?

_____

_____

UM MATERIAL, MUITOS OBJETOS

ALGUNS MATERIAIS PODEM SER APROVEITADOS PARA FAZER VÁRIOS OBJETOS. VEJA O EXEMPLO DO PLÁSTICO.

BRINQUEDO.   EMBALAGEM TRANSPARENTE.   COMPUTADOR.

- VOCÊ CONHECE ALGUM OBJETO QUE NÃO DEVE SER FEITO DE PLÁSTICO?

BRINCANDO DE CIENTISTA

OBSERVANDO OS MATERIAIS

NA ESCOLA, OS ALUNOS SÃO ORGANIZADOS EM CLASSES DIFERENTES, DE ACORDO COM O ANO EM QUE ENTRARAM NA ESCOLA.

VAMOS CLASSIFICAR TAMBÉM OS MATERIAIS? PARA ISSO, UTILIZAREMOS AS CARACTERÍSTICAS DESCRITAS EM CADA COLUNA DO QUADRO A SEGUIR.

MODO DE FAZER

1. O PROFESSOR VAI APRESENTAR ALGUNS MATERIAIS A VOCÊ E SEUS COLEGAS PARA QUE OS EXAMINEM.
2. DEPOIS DE OBSERVÁ-LOS, MARQUE UM **X** NA COLUNA DA CARACTERÍSTICA QUE O MATERIAL APRESENTA (PODE SER MAIS DE UMA CARACTERÍSTICA).

	TRANSPARENTE	PERMEÁVEL	MALEÁVEL	RESISTENTE
VIDRO				
PAPEL				
METAL				
MADEIRA				

- AGORA RESPONDA: QUAL É A PRINCIPAL CARACTERÍSTICA QUE O MATERIAL USADO NA FABRICAÇÃO DE UM COPO DEVE TER?

_____
_____
_____
_____

ATIVIDADES

1 NUMERE A FOTOGRAFIA DO OBJETO DE ACORDO COM A PRINCIPAL CARACTERÍSTICA QUE SEU MATERIAL DEVE TER.

1. MACIEZ
2. BOA ABSORÇÃO
3. TRANSPARÊNCIA
4. RESISTÊNCIA

JANELA.

PARA-CHOQUE DE AUTOMÓVEL.

URSO DE PELÚCIA.

ROLO DE PAPEL.

2 LEIA O TEXTO E PINTE AS PALAVRAS QUE SE REFEREM A MATERIAIS CONFORME A LEGENDA DE CORES.

 MATERIAL CORRETO.   MATERIAL INCORRETO.

O ROBÔ RBX-80 É PROGRAMADO PARA COZINHAR. UM DIA, ELE TROPEÇOU, CAIU, BATEU A CABEÇA E FICOU CONFUSO. ENTÃO, ELE COZINHOU FEIJÃO EM UM RECIPIENTE DE PLÁSTICO; ASSOU UM FRANGO EM UMA FORMA DE PAPELÃO; FRITOU UM OVO EM UMA FRIGIDEIRA DE ALUMÍNIO.

A ORIGEM DOS MATERIAIS

A MAIORIA DOS PRODUTOS QUE UTILIZAMOS SÃO FEITOS DE **MATERIAIS NATURAIS**, ISTO É, MATERIAIS QUE NÃO SOFRERAM AÇÃO DO SER HUMANO.

ELES PODEM SER DE ORIGEM ANIMAL, VEGETAL OU MINERAL.

ORIGEM ANIMAL

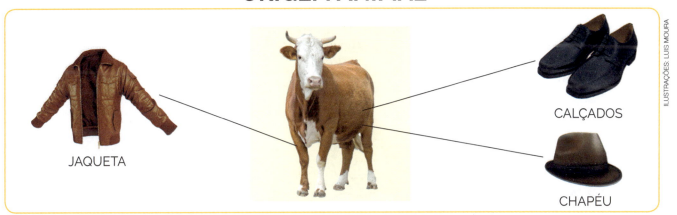

ORIGEM VEGETAL

ORIGEM MINERAL

1 PINTE OS QUADRINHOS DE ACORDO COM A LEGENDA.

 ORIGEM ANIMAL.

 ORIGEM MINERAL.

 ORIGEM VEGETAL.

2 O PLÁSTICO É UM MATERIAL UTILIZADO EM MUITOS OBJETOS. ELE NÃO É UM MATERIAL NATURAL, E SIM PRODUZIDO EM INDÚSTRIAS.

A) DESENHE UM OBJETO FEITO DE PLÁSTICO.

B) ESCREVA O NOME DO OBJETO QUE VOCÊ DESENHOU.

O PROBLEMA DO LIXO

LIXO É QUALQUER MATERIAL PROVENIENTE DA ATIVIDADE HUMANA QUE NÃO SERVE MAIS PARA USO. É O CASO DE MATERIAIS CHAMADOS **RESÍDUOS ORGÂNICOS**, COMO RESTOS DE ALIMENTOS.

ATUALMENTE, O ARMAZENAMENTO DO LIXO É UM PROBLEMA NAS CIDADES.

MUITOS MATERIAIS PODEM TER OUTRO DESTINO E NÃO VIRAR LIXO. ALGUNS MATERIAIS COMO VIDROS, PLÁSTICOS, PAPEL E METAIS PODEM IR PARA RECICLAGEM.

CRIANÇAS RECOLHEM MATERIAIS PARA RECICLAGEM.

ATIVIDADES

1 A RECICLAGEM FICA MAIS FÁCIL QUANDO O LIXO É SEPARADO NO MOMENTO EM QUE É DESCARTADO. POR ISSO, EM MUITOS LOCAIS HÁ LIXEIRAS ESPECÍFICAS PARA CADA MATERIAL.

ACOMPANHE AS LEGENDAS E PINTE AS LIXEIRAS COM AS CORES CORRETAS.

UNIDADE 8
AS INVENÇÕES

O PASSADO E O FUTURO

VEJA ALGUMAS PESSOAS DO PASSADO CONVERSANDO SOBRE O FUTURO. DAS INVENÇÕES QUE ELAS FALAM, QUAIS JÁ EXISTEM NO MUNDO ATUAL?

DIGAM-ME: COMO VOCÊS ACHAM QUE SERÁ O FUTURO?

EU ACHO QUE PODEREMOS FALAR COM AS PESSOAS IMEDIATAMENTE, SEM PRECISAR ENVIAR CARTAS!

APOSTO QUE MÁQUINAS FARÃO TODO O NOSSO TRABALHO! FICAREMOS DORMINDO E COMENDO.

AS CARRUAGENS VÃO ANDAR SOZINHAS. HAVERÁ TAMBÉM TRANSPORTES VOADORES!

UTILIDADE DAS INVENÇÕES

AS PESSOAS INVENTARAM OBJETOS E MÁQUINAS PARA GARANTIR A SOBREVIVÊNCIA E TER MAIS CONFORTO.

ALGUMAS INVENÇÕES SÃO MUITO ANTIGAS, COMO O MARTELO E O MACHADO. OUTRAS FORAM CRIADAS POR CIENTISTAS E EXIGIRAM ANOS DE ESTUDO, COMO A LÂMPADA, A TELEVISÃO E O COMPUTADOR.

VEJA ALGUMAS INVENÇÕES QUE MUDARAM O MODO COMO AS PESSOAS VIVIAM.

TUDO ISSO É MUITO ÚTIL!

GELADEIRA.

FOGÃO.

MARTELO.

ÓCULOS.

1 PESQUISE EM JORNAIS E REVISTAS IMAGEM DE UMA INVENÇÃO QUE VOCÊ CONSIDERA IMPORTANTE. RECORTE-A E COLE NO CADERNO. NÃO SE ESQUEÇA DE ESCREVER O NOME DELA. DEPOIS, NA SALA DE AULA, CONTE COMO VOCÊ IMAGINA O MUNDO SEM ELA.

INVENÇÃO: UMA HABILIDADE HUMANA

AS PESSOAS CONSTROEM OBJETOS MUITO COMPLEXOS, COMO AVIÕES E COMPUTADORES.

AS INVENÇÕES SÃO PENSADAS PARA RESOLVER PROBLEMAS. POR EXEMPLO:

- COMO FAZER PARA IR DE UMA CIDADE A OUTRA SEM PRECISAR DE UM ANIMAL PARA PUXAR A CARRUAGEM?

FOI PENSANDO EM UMA MÁQUINA QUE FACILITASSE O DESLOCAMENTO QUE AS PESSOAS INVENTARAM O AUTOMÓVEL.

VEJA COMO A CARRUAGEM E O PRIMEIRO AUTOMÓVEL ERAM PARECIDOS. MUITO DIFERENTES DOS CARROS DE HOJE, NÃO?

O AVIÃO É OUTRA INVENÇÃO QUE MODIFICOU O MODO COMO AS PESSOAS SE LOCOMOVEM. ELE POSSIBILITA PERCORRER GRANDES DISTÂNCIAS EM POUCO TEMPO.

AVIÃO.

ATIVIDADES

1 LIGUE OS PROBLEMAS ÀS INVENÇÕES. DEPOIS, ESCREVA O NOME DA INVENÇÃO.

A) COMO VER SE DENTRO DO CORPO HÁ ALGUM OSSO QUEBRADO?

_____

B) COMO FALAR AGORA COM UMA PESSOA QUE ESTÁ LONGE?

_____

C) COMO LEVAR MERCADORIAS PARA O OUTRO LADO DO OCEANO?

_____

D) COMO SUBIR 10 ANDARES DE UM PRÉDIO DUAS OU TRÊS VEZES AO DIA SEM CANSAR?

_____

PEQUENO CIDADÃO

A INTERNET EM NOSSA VIDA

VOCÊ JÁ NAVEGOU NA INTERNET OU VIU UM ADULTO NAVEGANDO?

HÁ POUCO MAIS DE 20 ANOS, NINGUÉM CONHECIA A INTERNET. ELA É UMA DAS INVENÇÕES MAIS IMPORTANTES DE NOSSOS DIAS.

POR MEIO DA INTERNET, É POSSÍVEL TROCAR MENSAGENS E *E-MAILS*, FAZER CHAMADAS DE VÍDEO, ENTRE OUTRAS COISAS. TUDO ISSO FACILITOU MUITO A COMUNICAÇÃO ENTRE AS PESSOAS.

PORÉM, HÁ MUITOS *SITES* COM INFORMAÇÕES FALSAS OU MAL-INTENCIONADOS.

1 CONVERSE COM O PROFESSOR E OS COLEGAS.

A) VOCÊ USA A INTERNET?

B) COM QUE FREQUÊNCIA?

C) QUE VANTAGEM A INTERNET TRAZ PARA AS ATIVIDADES DAS PESSOAS? DÊ UM EXEMPLO.

D) VOCÊ SOLICITA A ORIENTAÇÃO DE UM ADULTO DE SUA CONVIVÊNCIA SEMPRE QUE NAVEGA NA INTERNET?

 **BRINCANDO**

1 DESENHE NA TELA A SEGUIR ALGO QUE VOCÊ GOSTA OU GOSTARIA DE VER NA INTERNET.

BRINQUE MAIS

1) COMPLETE O QUADRO COM O NOME DOS ANIMAIS ILUSTRADOS, DE ACORDO COM A CLASSIFICAÇÃO.

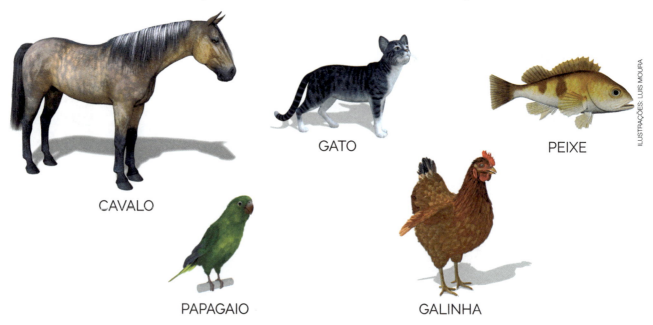

CAVALO GATO PEIXE PAPAGAIO GALINHA

ONDE VIVE		COBERTURA DO CORPO		
TERRA	ÁGUA	PELOS	PENAS	ESCAMAS

2) PINTE OS RETÂNGULOS DA SEGUINTE FORMA: USE **VERDE** SE O ANIMAL SE ALIMENTAR SOMENTE DE PLANTAS, **VERMELHO** SE O ANIMAL SE ALIMENTAR DE OUTROS ANIMAIS E **AMARELO** SE ELE SE ALIMENTAR TANTO DE OUTROS ANIMAIS QUANTO DE PLANTAS.

GALINHA   ONÇA   ZEBRA

3 MUITOS ANIMAIS DOMESTICADOS TÊM CASAS CONSTRUÍDAS PELAS PESSOAS. LIGUE CADA ANIMAL À SUA CASA.

A)

B)

C)

BRINQUE MAIS

4 AS PLANTAS PRODUZEM FRUTAS DELICIOSAS E NUTRITIVAS. COMPLETE O QUADRO COM O NOME DE ALGUMAS DELAS.

5 ESTA CANTIGA FALA DA FALTA DE ÁGUA E DO DESEQUILÍBRIO DO AMBIENTE. CANTE-A COM O PROFESSOR E OS COLEGAS E DEPOIS PINTE O DESENHO EM BRANCO.

TRÁ LÁ LÁ LÁ Ô

AS FLORES JÁ NÃO CRESCEM MAIS,
ATÉ O ALECRIM MURCHOU.
O SAPO SE MANDOU,

O LAMBARI MORREU,
PORQUE O RIBEIRÃO SECOU!

O LAMBARI MORREU,
PORQUE O RIBEIRÃO SECOU!
Ô, TRÁ LÁ LÁ LÁ LÁ,
Ô, TRÁ LÁ LÁ LÁ LÁ,
Ô, TRÁ LÁ LÁ LÁ LÁ,
LÁ Ô!

CANTIGA.

BRINQUE MAIS

6 ANALISE A IMAGEM E INDIQUE QUAL DAS FIGURAS ABAIXO NÃO FAZ PARTE DO CONJUNTO.

A) O OBJETO QUE NÃO FAZ PARTE DO CONJUNTO É:
_____

B) O MATERIAL DE QUE ELE É FEITO É O
_____

C) AGORA, FAÇA UM **X** NOS OBJETOS QUE SÃO FEITOS DE FERRO E MADEIRA.